POLIZEIABSPERRUNG

Dieses Buch kann alleine lesen:

____

Spannende Silben-Geschichten zum Lesenlernen

CARLSEN

Silbe für Silbe zum Lese-Erfolg

Liebe Eltern,

Leseanfängerinnen und -anfänger lesen langsam. Sie müssen jedes Wort Buchstabe für Buchstabe, Silbe für Silbe erlesen. Alle Wörter der Geschichten in diesem Band sind in farbigen Silben markiert. Diese kurzen Buchstabengruppen können Leseanfängerinnen und -anfänger schneller erfassen als das ganze Wort.

Bei den markierten Silben handelt es sich um Sprechsilben. Das heißt, die Wörter sind so in Silben aufgeteilt, wie sie gesprochen werden. Die Sprechsilben entsprechen fast immer auch der möglichen Worttrennung, also den Schreibsilben.

Nur bei der Trennung einzelner Vokale gibt es einen Unterschied: Nach den aktuellen Rechtschreibregeln werden einzelne Vokale am Wortanfang oder -ende nicht abgetrennt. Beim Sprechen unterteilen wir solche Wörter jedoch in mehrere Silben, daher sind sie in diesem Band ebenfalls mit unterschiedlichen Farben markiert: Oma, Radio.

Ihnen und Ihrem Kind viel Spaß beim Lesen!

Inhalt

Abenteuer im Wilden Westen

Eine Geschichte von Christa Holtei
mit Bildern von Astrid Vohwinkel

Der große Viehtrieb

„Steh auf, du Faulpelz!“, ruft Jims Vater und lacht. „Frühstück!“

Erschrocken fährt Jim hoch.

Stimmt! Er liegt gar nicht zu Hause in seinem Bett! Er ist in der Prärie!

Er kann meilenweit über hügeliges Land schauen. Die Sonne geht gerade auf.

Jim hört das leise Wiehern der Pferde.

Die Cowboys sitzen schon am Lagerfeuer.

Bob, der Koch, verteilt Bohneneintopf und Kaffee.

Vor der Arbeit müssen alle genug essen.

Jim hat plötzlich Riesenhunger
und setzt sich schnell zu den Männern.
Bald darauf machen sich alle bereit.
Bob räumt Töpfe, Pfannen und
Schlafsäcke in den Küchenwagen.
Im Wagen ist Platz für alles, was
die Cowboys auf den Weiden brauchen.
Aus dem Fass an der Seite schöpfen
sie sich Wasser, wenn sie Durst haben.
Jim hat sein Pferd gesattelt.
Es heißt Bronco.
Beide warten ungeduldig, dass es
endlich losgeht!

Die Cowboys reiten über die großen Weiden.
Jims Vater will einen Teil seiner Herde
verkaufen und muss wissen, wie viele Tiere
er überhaupt hat.
Außerdem will er nachsehen, ob es
den neuen Kälbchen gut geht!
„Da sind die ersten Rinder!“, schreit Mike.
Alle reiten zu den Tieren und kreisen sie ein.
Eine Menge Staub wirbelt auf.
Aber Tom hat die richtige Cowboykleidung an:
Das Halstuch kann man sich vor Mund und
Nase ziehen, damit man beim Reiten nicht
so viel Staub schluckt.

Gebannt schaut Jim den Männern zu.
Sein Vater hat ein Kälbchen entdeckt und
fängt es geschickt mit dem Lasso ein.
Das ist ziemlich schwer!
Jim übt es zu Hause auf der Ranch immer
an einem Holzpfosten.
Der bewegt sich wenigstens nicht!
Das Kälbchen trottet am Seil
neben Jims Vater her.
Eine große Kuh folgt ihnen.
Das ist bestimmt seine Mutter!

Mike und Ron haben Feuer gemacht.
Jims Vater bringt das Kälbchen zu ihnen.
Jim reitet neben ihm her.
„Seine Mutter gehört zu unserer Herde“,
erklärt der Vater. „Jetzt brennen wir ihm
unser Zeichen ins Fell, damit wir es
von den Rindern unseres Nachbarn
unterscheiden können.“
Jim nickt. Die Weiden scheinen endlos.
Aber irgendwo fangen die Weiden ihres
Nachbarn an. Das wissen die Rinder
aber nicht und laufen manchmal hinüber.
Anderswo hat es
deswegen schon oft
Streit gegeben.

Nun hören sie Mike wieder rufen:
„Da sind noch mehr Rinder! Hilf uns, Jim!“
„Ja, los, du kannst es!“, sagt sein Vater.
Das stimmt. Jim reitet geschickt an
den Rindern vorbei, bis sie eine kleine
Gruppe bilden.
Er muss dabei aufpassen, dass ihn
die langen Hörner der Tiere nicht verletzen.
Oder vielleicht sogar sein Pferd!
Aber Bronco ist so klug!
Er weiß genau, was er tun muss.
Jim streicht ihm über den Hals.
„Gut gemacht“, sagt er.

Abends schlagen die Cowboys ein Lager auf und Bob kocht einen leckeren Eintopf.
Satt und müde kuschelt sich Jim in seinen Schlafsack.
Es war ein anstrengender Tag!
Achtundzwanzig Kälbchen haben sie gezählt und alle waren gesund und kräftig!
Nachdem sie das Brandzeichen bekommen hatten, durften sie wieder zu den anderen Rindern laufen.
Bill spielt leise auf der Mundharmonika und die Männer erzählen Geschichten.
„Wisst ihr noch“, fragt Mike, „wie wir damals die riesige Herde zur Stadt getrieben haben?“
„Ja“, sagt Jims Vater, „wir wollten sie verkaufen, aber es wäre fast schiefgegangen.“

„Genau“, nickt Ron. „Die Tiere sind nachts weggerannt. Es war so …“
Jim will weiter zuhören, aber ihm fallen die Augen zu.
Die Pferde der Nachtwachen schnauben leise.
Die Cowboys müssen nachts besonders wachsam sein und auf wilde Tiere aufpassen.
Vielleicht greifen sonst Kojoten ihre Pferde an!

Leserätsel

Was trägt ein richtiger Cowboy?

Kreuze an.

- [ ] A Turnschuhe
- [x] P Halstuch
- [x] R Weste
- [ ] U Pulli
- [x] Ä Hut
- [ ] T Sonnenbrille
- [x] R Hemd
- [ ] Ö Rock
- [x] I Stiefel
- [ ] W Mütze
- [x] E Hose

Die Buchstaben neben den richtigen Antworten verraten dir, wo Jim gerade ist:

In der PRÄRIE

Wie heißt Jims Pferd?
Bringe die Buchstaben in
die richtige Reihenfolge:

B R O N C O

Hier haben sich sechs Dinge versteckt,
die ein Cowboy bei seiner Arbeit braucht.
Kreise die Wörter ein.

Q	U	O	S	P	D	E
T	C	H	P	I	X	I
Z	H	D	O	N	P	M
C	U	F	R	A	F	O
S	T	I	E	F	E	L
A	O	V	N	R	R	I
T	I	B	P	Y	D	M
T	K	N	I	G	B	P
E	L	D	I	B	M	F
L	A	S	S	O	M	N
U	F	O	B	E	U	V

Aufregung in der Prärie

Mitten in der Nacht hört Jim plötzlich
ein lautes Knacken. Dann ein erschrecktes
Muhen und das Getrampel von vielen Hufen.
„Die Herde! Die Herde!“, schreit jemand.
„Auf die Pferde!“, ruft Jims Vater.
Jim sieht erschrocken, wie die Cowboys
auf die Pferde springen und
den Rindern hinterherjagen.
Die Cowboys erreichen die Herde rasch
und sie reiten an den Rindern vorbei.

Sie lenken die Tiere mit ihren Pferden so, dass sie immer im Kreis laufen müssen. Das nennt man „Rinder in eine Mühle treiben“, weiß Jim.

Die Rinder laufen immer rundherum und das macht sie müde.

Irgendwann bleiben sie stehen und haben sich beruhigt. Und sie sind dabei nicht allzu weit weggelaufen.

Aber so etwas kann die ganze Nacht dauern!

Jim schrickt hoch. Er reißt erstaunt die Augen auf. Alles ist ruhig. Die Sonne geht auf. Die Cowboys sitzen am Lagerfeuer und trinken Kaffee. Die Pferde sind angebunden. Der Koch erzählt etwas und alle lachen. Wieso sind die Männer so ruhig? „Was hast du?“, fragt Jims Vater. „Aber … ich dachte …“, stottert Jim und erzählt, was in der Nacht passiert ist. „Das hast du geträumt!“, sagt sein Vater. Jim macht ein verdutztes Gesicht.

„Tja, das ist die Prärie“,
lacht Bill. „Nie langweilig.
Nicht mal im Traum!“
„Es war wirklich nichts, Jim“, sagt Bob.
„Nur die Jungs mit ihren Geschichten.
Du hast sie einfach weitergeträumt.“
Er klopft dem Jungen auf die Schulter.
„Sattle dein Pferd! Es geht nach Hause!“
Bronco wiehert freudig.
Und da glaubt Jim tatsächlich,
dass er nur geträumt hat.

Jetzt kann Jim es kaum abwarten,
endlich nach Hause zu kommen.
Nach einer ganzen Woche in der Prärie
freut er sich auf frische Sachen zum
Anziehen und auf ein heißes Bad.
Er will den vielen Staub loswerden.
Jim ist grau von oben bis unten!

Rasch galoppiert Jim an den Cowboys
vorbei ganz nach vorne zu Bob
im Küchenwagen und zu seinem Vater.
„Beeilt euch!“, ruft er den Cowboys zu.
Plötzlich geht es Jim nicht schnell genug.
Ihm ist nämlich gerade eingefallen,
dass auf der Ranch vermutlich noch etwas
ganz Besonderes auf ihn wartet …

Leider dauert es fast den ganzen Tag,
bis die Ranch endlich vor ihnen auftaucht.
Doch dann sind die Gebäude zu sehen!
Aber Jim interessiert sich überhaupt nicht
für das schöne weiße Wohnhaus.
Kaum sind sie angekommen, springt er
von seinem Pferd und läuft in den Stall.
Auch Bronco steckt seine Nase neugierig
durch die Stalltür.
Und da liegt es! Die Stute Polly
hat ihr Fohlen bekommen,
während die Cowboys weg waren!

Jim hockt sich strahlend vor das Tierchen.
„Endlich!“, ruft Jims Mutter. „Wir haben
auf dich gewartet, Jim. Du musst ihm
einen Namen geben. Er ist Broncos Sohn!“
Jim betrachtet den weißen, gezackten
Fleck auf der Stirn des Fohlens und sagt,
ohne zu zögern:
„Star. Stern. So soll er heißen.“
Der kleine Star stellt sich auf seine
wackeligen Beine und stupst Jim
mit der Nase an.
Sie werden dicke Freunde sein, das ist klar!

Leserätsel

Welches Wort gehört zum Bild?

S Weste

U Wüste

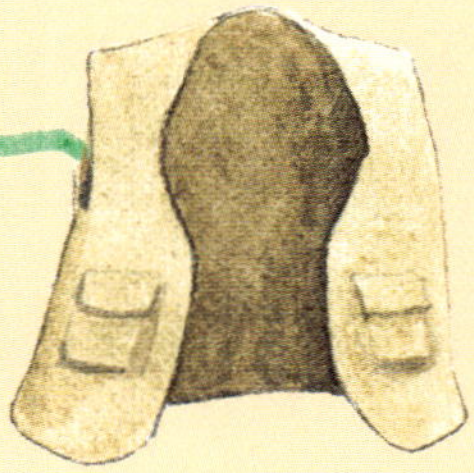

B Tasse

T Lasso

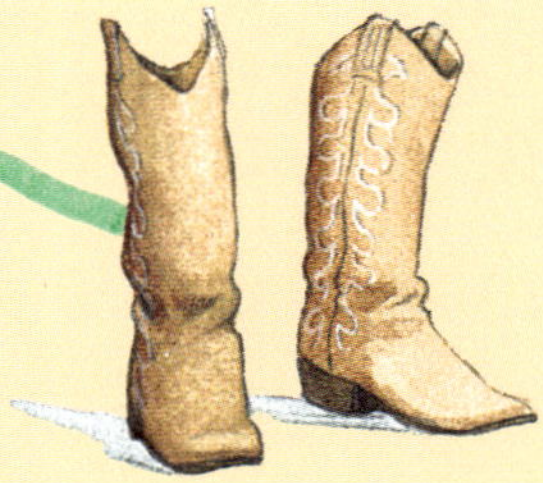

A Stiefel

E Staffel

R Sattel

T Dattel

Die Buchstaben neben den richtigen Antworten ergeben ein Lösungswort:

STAR

Findest du die sieben Unterschiede?

Kreise sie ein!

Infoseite
Das trägt ein Cowboy:

Cowboyhut
gegen Sonne, Regen
und Insekten

Sporen
nicht zu spitz, damit das
Pferd nicht verletzt wird

Halstuch
(„Bandana“), auch
als Mund- und Nasen-
schutz benutzt

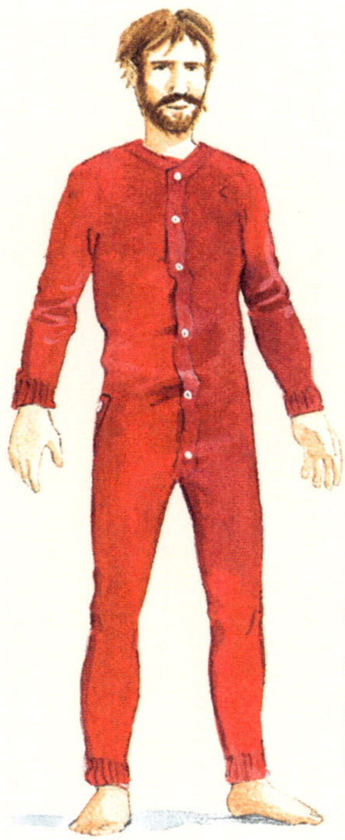

Revolvergürtel
wird bei der Arbeit mit den
Tieren nicht getragen und ist
im Küchenwagen verstaut

Hemd
einfarbig oder
kariert

Longjohn
(„langer Hans“) heißt
die Unterwäsche
aus Flanell vom Hals
bis zu den Füßen

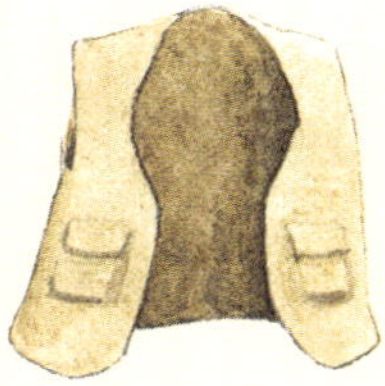

Lederweste
mit vielen Taschen
für alles Mögliche

Lederschutz
schützt die Beine vor
Kaktusstacheln und
Dornbüschen

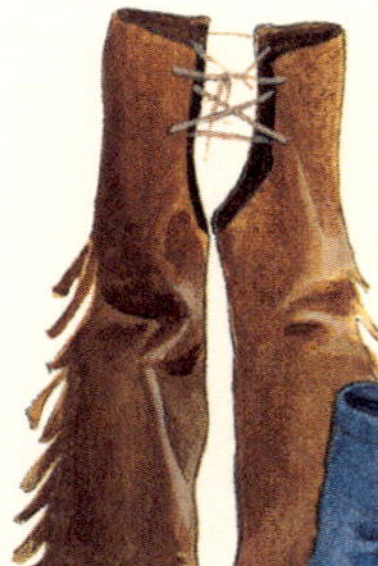

Bequeme Hose
ohne Gürtel und
Gürtelschnalle,
damit der Cowboy
sich bei der Arbeit
nicht verletzt

Spitze Stiefel
mit Absätzen, damit
man nicht aus den
Steigbügeln rutscht

Das trägt ein Pferd:

Lasso
vorne am Sattelhorn zum
Einfangen von Rindern

„Slicker“
langer gelber Regenmantel
hinten auf dem Sattel

Zaumzeug
muss für die Arbeit
sehr stabil sein

Sattel
Jeder Cowboy hat
seinen eigenen
und bezahlt einen
ganzen Monatslohn
dafür.

Satteltaschen
für alles Mögliche

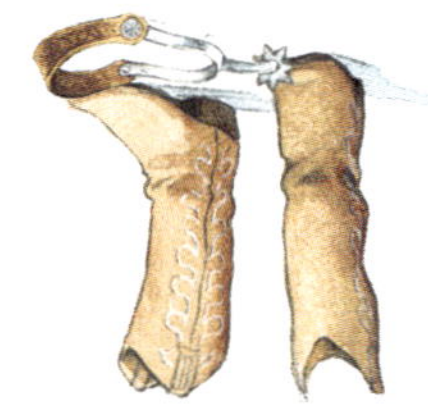

S. 18/19:

Ein richtiger Cowboy trägt: Halstuch,
Weste, Hut, Hemd, Stiefel und Hose.
Jim ist gerade in der PRÄRIE.
Jims Pferd heißt BRONCO.

Q	U	O	**S**	P	D	E
T	C	H	**P**	I	X	I
Z	**H**	D	**O**	N	**P**	M
C	**U**	F	**R**	A	**F**	O
S	**T**	**I**	**E**	**F**	**E**	**L**
A	O	V	**N**	R	**R**	I
T	I	B	P	Y	**D**	M
T	K	N	I	G	B	P
E	L	D	I	B	M	F
L	**A**	**S**	**S**	**O**	M	N
U	F	O	B	E	U	V

S. 28/29:

Diese Wörter sind richtig: Weste, Lasso, Stiefel, Sattel
Das Lösungswort lautet STAR.

Lösungen

Dreihorn, der kleine Dinosaurier

Eine Geschichte von Imke Rudel
mit Bildern von Johann Brandstetter

Bei den Dinosauriern

Im Land der Dinosaurier geht
die Sonne auf.
Ihre Strahlen wärmen Dreihorn
und er wacht langsam auf.
Dreihorn ist ein junger Triceratops.
Das bedeutet Dreihorngesicht.
Dreihorn hat wirklich drei Hörner:
ein kleines über dem Schnabel
und zwei über den Augen.

Um den Hals trägt er eine Nackenkrause.
Sie ist ein guter Schutz vor Angriffen.
Mit seinen Eltern und Geschwistern
lebt Dreihorn in einer Herde.

Dreihorn ist ein Pflanzenfresser.
Mit seinem kräftigen Schnabel
kann er auch die dicksten Blätter
der Bäume abzwicken.
Wo Dreihorn lebt, wachsen Farnkraut
und Palmen und Nadelbäume.

Auf der Suche nach Futter wandert
die Herde den ganzen Tag herum.
Ein Dinosaurier braucht viele Blätter,
um satt zu werden.
Am Abend erreicht die Herde
einen Fluss.
Endlich! Dreihorn hat richtig Durst.

Am Fluss sind schon viele
andere Dinosaurier.
Als Dreihorn genug getrunken hat,
schaut er sich um.
Direkt neben seiner Herde steht
eine Gruppe von Edmontosauriern.
Sie gehören zu den Entenschnabel-
Dinosauriern.

Dreihorn hat keine Angst vor ihnen.
Sie sind auch Pflanzenfresser, so wie er.
Plötzlich hebt einer den Kopf und
macht ein sehr lautes Geräusch.
Es klingt wie eine Warnung.
Was hat er gewittert?

Leserätsel

Woher hat der Triceratops seinen Namen?

Der Triceratops heißt so, weil er

- [x] drei Hörner hat.
- [ ] ein Horn hat.
- [ ] kein Horn hat.

Dreihorn frisst gerne

- [ ] Pommes mit Ketchup.

- [ ] andere Dinosaurier.
- [x] Pflanzen.

Ein Edmontosaurus ist

- [ ] ein Fleischfresser.
- [x] ein Pflanzenfresser.
- [ ] eine Ente.

Dreihorns Lieblingsessen ist durcheinandergeraten.
Kannst du es ordnen?

PALMEN

NADELBÄUME

F

Ein Dinosaurier greift an!

Jetzt heben alle Dinosaurier die Köpfe.
Sie schauen zu den großen Felsen hinüber.
Dreihorn reckt seinen Kopf,
aber er kann nichts erkennen.
Die großen Tiere aus seiner Herde
haben sich vor ihn gestellt!
Sie stehen eng nebeneinander und
bilden eine dichte Mauer.

Sie wollen Dreihorn schützen.
Dreihorn kann nichts sehen.
Aber er spürt, wie die Erde
anfängt zu beben.
Da macht er sich ganz klein und
schaut zwischen den Beinen
der anderen hindurch.

Nun kann Dreihorn etwas sehen:
Ein Tyrannosaurus Rex greift an!
Er hat sich hinter den Felsen versteckt
und dort auf sein Abendessen gelauert.
Jetzt kommt er angerannt.

Ein Tyrannosaurus ist viel größer
als ein Triceratops.
Er kommt Dreihorn riesig vor.
Aber die großen Dinosaurier seiner
Herde haben sich rechtzeitig aufgestellt.
Die langen Hörner eines Triceratops
können eine gefährliche Waffe sein.

Kurz bevor er die Herde erreicht,
hält der Tyrannosaurus an.
Einen jungen Triceratops kann er
heute nicht erbeuten.
Hungrig schaut er sich nach
einem anderen Opfer um.
Die Edmontosaurier sind inzwischen
in den Fluss gesprungen.

Sie sind schon fast am anderen Ufer.
Dort sind sie sicher.
Da sieht Dreihorn den Ankylosaurus.
Ganz allein steht er am Fluss und trinkt.
Auch der Tyrannosaurus hat ihn
gesehen und läuft los.

Leserätsel

Was machen die Triceratops,
als der Tyrannosaurus die Herde angreift?

- [ ] Sie rennen ganz schnell weg.
- [ ] Die erwachsenen Dinosaurier stellen sich vor Dreihorn auf, um ihn zu beschützen.
- [ ] Sie machen sich klein und tun so, als ob sie nicht da wären.

Hier sind vier Dinosauriernamen versteckt.

Findest du sie?

Q	W	E	T	Y	R	A	N	N	O	S	A	U	R	U	S
R	T	Y	Z	U	I	P	A	S	D	F	G	H	J	K	L
Y	X	T	R	I	C	E	R	A	T	O	P	S	C	V	B
N	M	L	K	J	H	G	F	D	S	A	P	O	I	U	Z
T	E	D	M	O	N	T	O	S	A	U	R	U	S	R	E
W	Q	M	N	A	N	K	Y	L	O	S	A	U	R	U	S
B	V	C	C	X	Y	L	A	S	D	W	E	D	C	I	S
U	W	E	F	G	D	F	I	P	S	O	S	A	D	V	W

Volltreffer!

Der Ankylosaurus ist fast so groß
wie Dreihorns Eltern.
Aber er hat nur ganz kleine Hörner
auf dem Kopf und auf dem Rücken.
Dafür ist sein Körper mit dicken,
steifen Hautplatten bedeckt.
Diese Platten bilden einen richtigen
Panzer.

Und am Ende seines langen Schwanzes
hat er eine dicke Keule aus Knochen.
Er trinkt ruhig weiter.
Hört er den Tyrannosaurus gar nicht?
Dreihorn will ihn warnen.
Er versucht, ein lautes Geräusch
zu machen.
Endlich hebt der Ankylosaurus
den Kopf.

Es ist viel zu spät zum Weglaufen.
Der Tyrannosaurus hat ihn fast erreicht.
Der Ankylosaurus hat gerade noch Zeit,
mit seinem Schwanz auszuholen.
Wie eine Peitsche schlägt er ihn
auf das Bein des Angreifers.

Das war ein Volltreffer!
Humpelnd zieht sich der Tyrannosaurus
hinter die Felsen zurück.
Heute wird er niemanden mehr fressen.
Der Ankylosaurus ist gerettet.
Gut gemacht, Dreihorn!

Infoseite
Hier siehst du die Dinosaurier aus der Geschichte:

Triceratops

Er gehörte zu den Pflanzenfressern.
Ein erwachsener Triceratops war größer als ein Elefant.
Er konnte neun Meter lang werden!

Tyrannosaurus Rex

Sein Name bedeutet „königliche Tyrannenechse“.
Er war eines der größten Landraubtiere aller Zeiten und hat sich von anderen Tieren ernährt.

Edmontosaurus

Der Edmontosaurus war auch ein Pflanzenfresser.
Er wurde viel größer als ein Triceratops.
Er hatte zwar keine scharfen Krallen oder Hörner,
um sich zu verteidigen,
aber dafür konnte
er sehr schnell rennen.

Ankylosaurus

Der Ankylosaurus hatte fast am ganzen Körper
Panzerplatten und trug eine dicke Keule
an seinem Schwanz.
Ankylosaurier waren ebenfalls Pflanzenfresser.

Lösungen

S. 42/43:

Der Triceratops hat drei Hörner.
Dreihorn frisst gerne Pflanzen.
Ein Edmontosaurus ist ein Pflanzenfresser.
Dreihorns Lieblingsessen sind PALMEN,
FARNKRAUT und NADELBÄUME.

S. 50/51:

Die erwachsenen Dinosaurier stellen sich
vor Dreihorn auf, um ihn zu beschützen.

Q	W	E	**T**	**Y**	**R**	**A**	**N**	**N**	**O**	**S**	**A**	**U**	**R**	**U**	**S**
R	T	Y	Z	U	I	P	A	S	D	F	G	H	J	K	L
Y	X	**T**	**R**	**I**	**C**	**E**	**R**	**A**	**T**	**O**	**P**	**S**	C	V	B
N	M	L	K	J	H	G	F	D	S	A	P	O	I	U	Z
T	**E**	**D**	**M**	**O**	**N**	**T**	**O**	**S**	**A**	**U**	**R**	**U**	**S**	R	E
W	Q	M	N	**A**	**N**	**K**	**Y**	**L**	**O**	**S**	**A**	**U**	**R**	**U**	**S**
B	V	C	C	X	Y	L	A	S	D	W	E	D	C	I	S
U	W	E	F	G	D	F	I	P	S	O	S	A	D	V	W

Ein Fall für die Polizei

Eine Geschichte von Petra Wiese
mit Bildern von Jörg Hartmann

Eine verdächtige Beobachtung

„Guck mal“, sagt Leo.
Er zeigt zu Radio Meier rüber.
Tim dreht sich um und sieht einen Mann.
Er kommt gerade aus dem Geschäft
von Herrn Meier gerannt.
Unter seiner Jacke guckt ein Kabel hervor.
Der Mann sieht sich rasch um und
verschwindet in der Menge.
„Der hat bestimmt etwas geklaut!“,
vermutet Leo.

Der Mann geht die Straße hinunter.
„Wollen wir ihn verfolgen?“, fragt Tim.
„Nein, das ist zu gefährlich“, meint Leo.
„Was machen wir dann?“, fragt Tim.
„Wenn jemand klaut,
dann muss man doch etwas tun!“
Da biegt ein Polizeiauto um die Ecke.
Heute hat Herr Berg mit einer Kollegin
Streifendienst.

Leo kennt den netten Polizisten.
Er wohnt bei ihm nebenan.
Tim und Leo winken,
damit der Streifenwagen anhält.
Das Polizeiauto bremst.
Herr Berg lässt die Scheibe herunter.
„Wo brennt es denn?“, fragt er lachend.
Leo erzählt, was sie beobachtet haben.
Herr Berg nimmt seine Polizeimütze ab
und kratzt sich am Kopf.
Jetzt lacht er nicht mehr.
„Was? Schon wieder
so ein dreister Ladendiebstahl?“,
fragt die Polizistin.
„Bei Herrn Meier? Der Arme!
Aber diesmal haben wir ja Zeugen.
Vielleicht schnappen wir
den Dieb jetzt.“

„Ich frage erst einmal auf der Wache nach“, sagt Herr Berg.
„Vielleicht hat Herr Meier schon eine Anzeige gemacht.“
Herr Berg spricht in sein Funkgerät hinein.
Aus dem Funkgerät krächzt es.
Die Stimme gehört einem anderen Polizisten.

Das ist der Einsatzleiter.
Er sitzt auf der Wache in der Funkzentrale.
Über Funk ist er mit den Streifenwagen verbunden.
Auch die Notrufe kommen bei ihm an.
Wenn jemand dringend die Hilfe der Polizei braucht,
wählt man die Telefonnummer 110.
Der Einsatzleiter schickt dann sofort einen Streifenwagen.

Herr Berg fragt
über Funk,
ob Herr Meier
einen Diebstahl
gemeldet hat.
„Herr Meier hat gerade
eine Anzeige gemacht.
Bei ihm wurde tatsächlich
ein Radio gestohlen“,
berichtet Herr Berg.
Die Polizistin nickt
und kramt ihren Notizblock
und einen Kugelschreiber hervor.
„Dann haben wir also wirklich
einen Dieb gesehen!“, ruft Tim.
Leo und Tim sind ganz aufgeregt.
„Siehst du!“, ruft Leo.
„Ich hab recht gehabt!“
„Erzählt mir genau, wie der Mann aussah!“,
bittet Herr Berg.

„Er hatte kurze blonde Haare.
Und er trug eine Brille“, sagt Leo.
„Er war kleiner als Sie und viel jünger.
Er trug eine blaue Jacke und
eine schwarze Hose“, weiß Tim.
„Und er hatte Turnschuhe an!“,
erinnert sich Leo.
„Das habt ihr aber gut beobachtet“,
staunt Herr Berg.
„Das kommt davon,
dass wir so gerne
Detektivgeschichten lesen“,
kichert Leo.

„Und Lesen bildet ja bekanntlich!“,
ergänzt Tim.
Die Polizistin hat alles ganz genau aufgeschrieben.
Dann gibt Herr Berg die Beschreibung über Funk an den Einsatzleiter weiter.
Der Einsatzleiter informiert alle Streifenwagen in der Nähe, damit sie Ausschau nach dem gesuchten Dieb halten.

Leserätsel

Wie sah der Dieb aus?
Kreuze die richtigen Dinge an.

IK

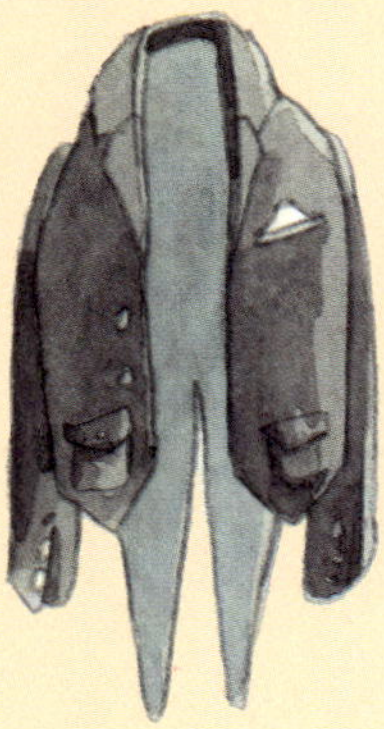

B

IE

F

D

L

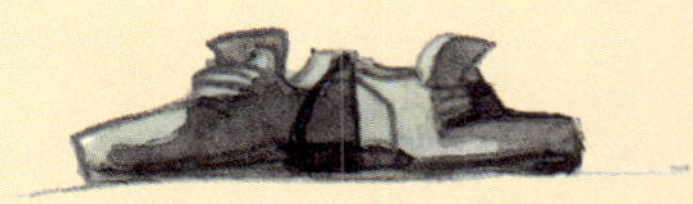

Die Buchstaben neben den Sachen
ergeben ein Lösungswort:

D i E B

Wer sitzt in der Funkzentrale?

- [x] 11 Der Einsatzleiter
- [ ] 22 Der Dieb
- [ ] 33 Frau Berg

Wie nennt man das Polizeiauto,
mit dem Herr Berg unterwegs ist?

- [ ] 1 Punktewagen
- [x] 0 Streifenwagen
- [ ] 2 Blauwagen

Wenn du die richtigen Ziffern
hier aufschreibst, dann steht da
die Notrufnummer der Polizei:

1 1 0

Merk sie dir!
Vielleicht brauchst du mal
die Hilfe der Polizei!

Erwischt!

Herr Berg gähnt. Er ist müde.
„Gleich habe ich frei“, brummt er.
„Aber es ist doch erst Vormittag“,
sagt Leo erstaunt.
„Ich arbeite schon seit Mitternacht“,
sagt Herr Berg und gähnt wieder.
„Wirklich?“, fragt Tim beeindruckt.
„Ja, wir Polizisten sind Tag und Nacht
im Einsatz.
Dabei wechseln wir uns natürlich ab.
Das nennt man Schichtdienst“,
antwortet Herr Berg.

Leo möchte wissen,
ob Herr Berg eine richtige Pistole hat.
„Jeder Polizist hat seine eigene Ausrüstung.
Als Streifenpolizist habe ich das hier dabei:
Schreibzeug, Taschenlampe, Handschellen,
eine schusssichere Weste und die Pistole“,
erklärt Herr Berg.
Herr Berg zeigt Leo und Tim seine Pistole.
Er trägt sie in einer Gürteltasche aus Leder
an der Hüfte.

Am liebsten würde Leo sie anfassen.
Aber das darf er nicht.
Waffen sind zu gefährlich.
Aber Polizisten brauchen noch mehr Dinge,
um ihre Arbeit zu machen.
Herr Berg öffnet den Kofferraum
des Streifenwagens.
„Anhaltestab, Verkehrsleitkegel
und Lampen liegen schon
im Funkstreifenwagen bereit.
Außerdem muss ich einen Fotoapparat,
den Alkomaten und ein Handfunkgerät
von der Wache mitnehmen“,
sagt Herr Berg.
„Was ist ein Alkomat?“,
fragt Leo.

Herr Berg zeigt ihnen den Alkomaten.
„Wenn ein Autofahrer dort hineinpustet,
finde ich heraus,
ob er zu viel Alkohol getrunken hat.
Das kommt nachts leider oft vor“,
sagt Herr Berg.
„Ihr glaubt gar nicht,
wie viele Leute betrunken Auto fahren!“

Tim und Leo dürfen auch mal
in den Alkomaten pusten.
„Ihr habt jedenfalls keinen Schnaps
getrunken“, lacht Herr Berg.
Schon wieder meldet sich der Einsatzleiter.
Herr Berg antwortet sofort.
Leo und Tim gucken sich gespannt an.
„Dank eurer Beschreibung wurde
der Dieb gerade gefasst.
Das Radio hatte er noch dabei.
Toll gemacht!“, sagt Herr Berg.

„Was passiert mit dem Dieb?“, fragt Tim.
„Der Kollege nimmt ihn mit zur Wache.
Dort werden seine Personalien –
also Name und Adresse – überprüft“,
erklärt die Polizistin.
„Mit dem Computer finden wir heraus,
ob ein Dieb bereits gesucht wird.
Oder ob er schon einmal
etwas gestohlen hat.“

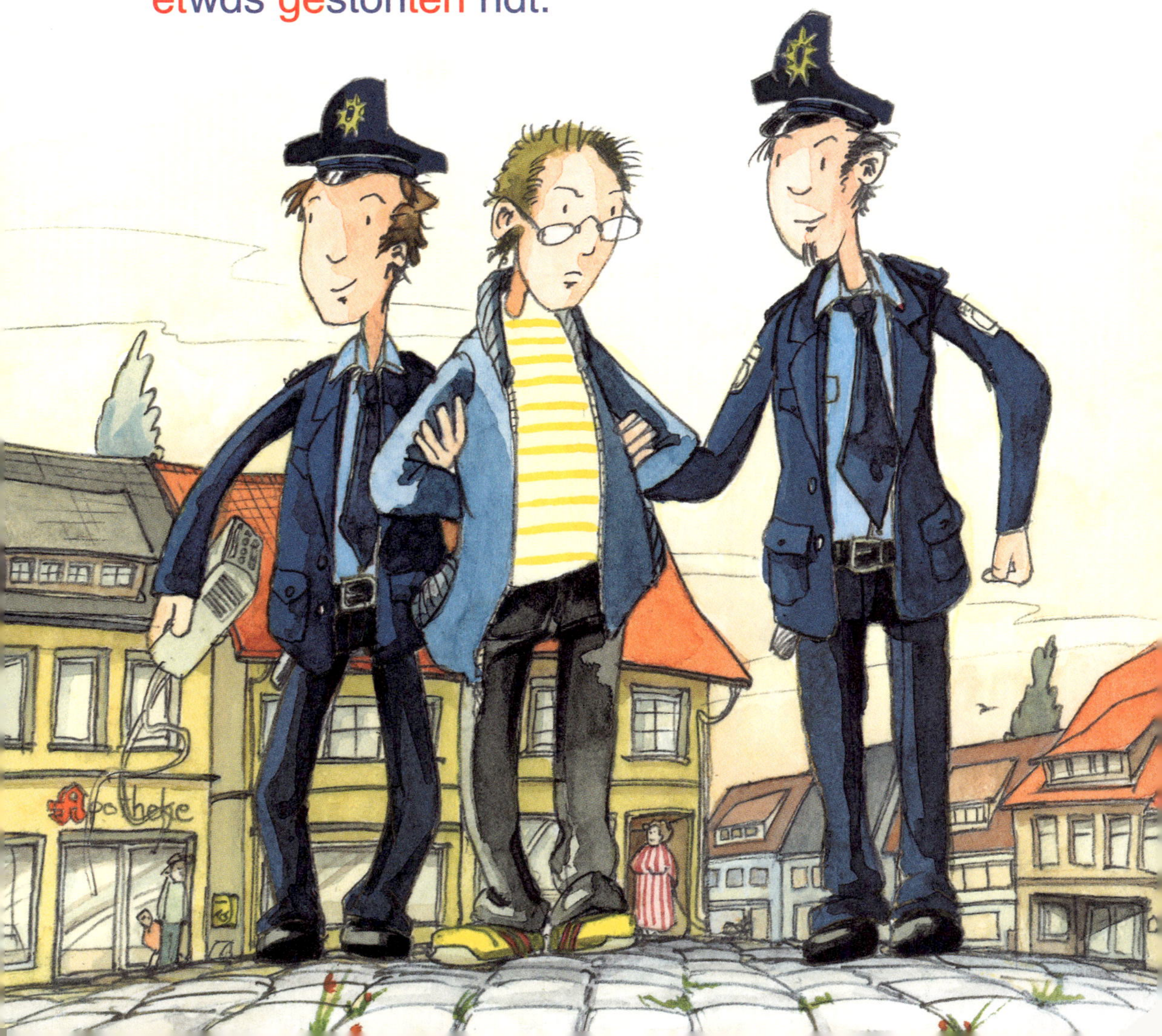

Das Funkgerät krächzt wieder.
Es ist noch einmal der Einsatzleiter.
Leo und Tim lauschen neugierig,
aber sie verstehen nicht viel.
„Ich habe eine gute Nachricht“,
sagt Herr Berg dann.
„Herr Meier gibt euch eine Belohnung!
Er hat sich sehr gefreut,
dass der Diebstahl so schnell
aufgeklärt werden konnte.
Und wir müssen jetzt los:
Ein Unfall muss aufgenommen werden.
Tschüss – und vielen Dank für die Hilfe!“
Auch die Polizistin winkt ihnen zu:
„Danke für die gute Zusammenarbeit!“
Schnell springen die beiden
in den Streifenwagen.

Das Auto braust mit Blaulicht los.
„Es ist ganz schön spannend,
ein Polizist zu sein“,
meint Tim.
„Stimmt“, antwortet Leo.
„Später werde ich auch mal Polizist!“
„Aber erst holen wir
unsere Belohnung ab“,
sagt Tim.

Leserätsel

Womit stellt Herr Berg fest, ob ein Autofahrer zu viel getrunken hat?

- [ ] Mit einem Pustomaten
- [ ] Mit einem Automaten
- [x] Mit einem Alkomaten

Streiche die Gegenstände durch, die Herr Berg nicht bei seiner Arbeit braucht!

Z	Pistole	O	Funkgerät
B	Rad	L	Schreibzeug
F	Radio	I	schusssichere Weste
S	Schwimmweste	P	Alkomat
E	Taschenlampe	I	Handschellen

Wenn du die übrig gebliebenen Buchstaben in die richtige Reihenfolge bringst, erhältst du ein Lösungswort:

Polizei

Was sind Personalien?

- Z Kleider- und Schuhgröße einer Person
- B Name und Adresse einer Person
- F Das Gewicht einer Person

Wohin bringen die Polizisten den Dieb zuerst?

- ER Auf die Wache
- OS Ins Gefängnis
- XY Vor Gericht

Womit kann ein Polizist feststellen, ob ein Dieb schon einmal etwas gestohlen hat?

- M Mit der Playstation
- G Mit dem Computer
- U Mit dem Funkgerät

Wenn du es richtig gemacht hast, dann ergeben die Lösungsbuchstaben den Namen eines netten Streifenpolizisten:

BerG

Infoseite
Diese Dinge braucht ein Streifenpolizist:

Schlagstock

Nissenleuchte

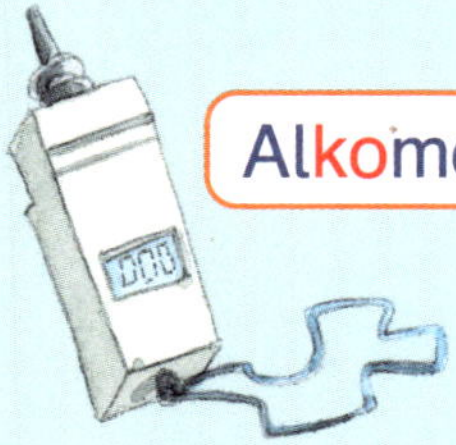

Alkomat

Handschellen

Funkgerät

Absperrband

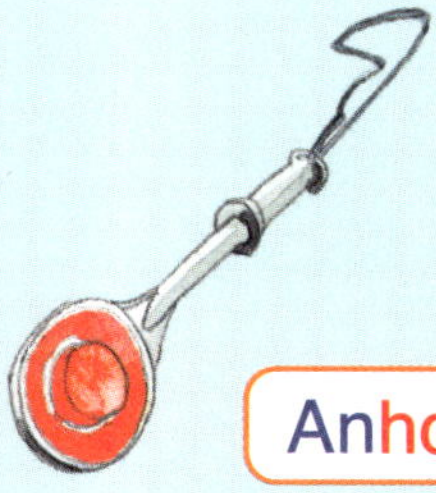

Anhaltestab

Kaffeebecher

Verkehrsleitkegel
(Lübecker Hütchen)

Fotoapparat

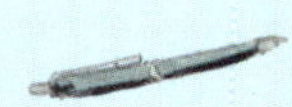

Kugelschreiber

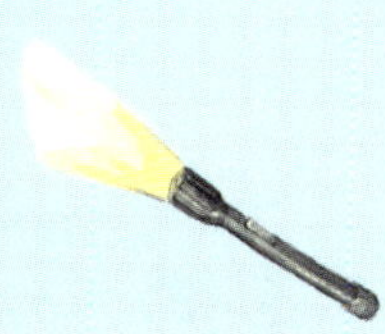

Taschenlampe

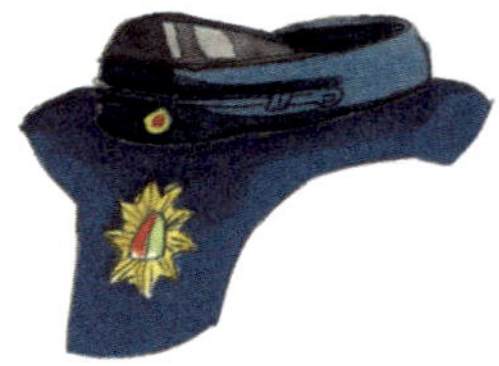

S. 70/71:
Das Lösungswort lautet DIEB.
Der Einsatzleiter sitzt in der Funkzentrale.
Herr Berg ist im Streifenwagen unterwegs.
Die Notrufnummer der Polizei ist die 110.

S. 80/81:
Herr Berg arbeitet mit einem Alkomaten.
Das braucht Herr Berg nicht bei der Arbeit:
Rad,
Radio,
Schwimmweste.
Das Lösungswort lautet POLIZEI.

Personalien sind Name und Adresse einer Person.
Polizisten bringen den Dieb auf die Wache.
Die Polizei schaut im Computer nach.
Der Name des netten Streifenpolizisten
lautet BERG.

Lösungen

Lesen lernen mit der Lesemaus

Liebe Eltern,

alle Kinder wollen lesen lernen. Sie sind von Natur aus wissbegierig. Diese Neugierde Ihres Kindes können Sie nutzen und das Lesenlernen frühzeitig fördern. Denn Lesen ist die Basiskompetenz für alles weitere Lernen. Aber Lesenlernen ist nicht immer einfach. Es ist wie mit dem Fahrradfahren: Man lernt es nur durch Üben – also durch Lesen.

Lesespaß mit Lesepass

Je regelmäßiger Ihr Kind übt, desto schneller und besser wird es das Lesen beherrschen. Eine schöne Motivation kann dabei ein Lesepass sein, den Sie zusammen mit Ihrem Kind basteln können.
Vereinbaren Sie mit ihm eine kleine Belohnung, die es für eine bestimmte Anzahl an Trainingsminuten gibt.
Eine Leseeinheit können zum Beispiel 10 Minuten sein.
Für jede Leseeinheit gibt es einen Sammelpunkt – und nach einer zu vereinbarenden Anzahl von Punkten dann die kleine Belohnung.

Wie können Sie Ihr Kind beim Lesenlernen unterstützen?

Je positiver Kinder das Lesen erleben, desto motivierter sind sie, es selbst zu lernen. Versuchen Sie, Ihrem Kind

ein Vorbild zu sein. Zeigen Sie Ihrem Kind, dass Lesen und Schreiben zum Alltag gehören. Etablieren Sie gemeinsame Leserituale. So erfährt Ihr Kind: Lesen macht Spaß!
Lesen Sie Ihrem Kind mindestens bis zum Ende der Grundschulzeit vor. Auch wenn Ihr Kind zunehmend eigenständig liest, bleibt das Vorlesen ein schönes und sinnvolles Ritual.

Lesen lernen mit der Lesemaus

Jedes Kind lernt unterschiedlich schnell lesen. Orientieren Sie sich bei der Auswahl von Erstlesebüchern daher an den Interessen und Lesefähigkeiten Ihres Kindes. Die Geschichten sollen Ihr Kind fordern, aber nicht überfordern. Die Lesemaus zum Lesenlernen bietet spannende und leicht verständliche Geschichten für Leseanfänger. Altersgerechte Illustrationen helfen, das Gelesene zu verstehen.
Mit lustigen Leserätseln können die Kinder ihre Lernerfolge spielerisch selbst überprüfen. Außerdem gibt es in jedem Band interessante Sachinfos für Jungen und Mädchen.

Ihnen und Ihrem Kind viel Spaß beim Lesen!

Lesenlernen mit Spaß

978-3-551-06638-1

978-3-551-06642-8

978-3-551-06645-9

978-3-551-06651-0

978-3-551-06654-1

978-3-551-06644-2

978-3-551-06646-6

978-3-551-06620-6

978-3-551-06649-7

978-3-551-06643-5

978-3-551-06650-3

CARLSEN
www.carlsen.de

Mit Conni

Noch mehr Lesespaß!

978-3-551-18960-8

978-3-551-18937-0

978-3-551-18792-5

978-3-551-18791-8

Mit der Schule der magischen Tiere

978-3-551-65592-9

978-3-551-65591-2

978-3-551-65593-6

Mit der Lesemaus

978-3-551-06641-1

978-3-551-06648-0

978-3-551-06652-7

978-3-551-06653-4

Mit Minecraft

978-3-551-06844-6

978-3-551-06845-3

978-3-551-06846-0

978-3-551-06847-7

978-3-551-06848-4

Wir produzieren nachhaltig
• Klimaneutrales Produkt
• Papiere aus nachhaltigen und kontrollierten Quellen
• Hergestellt in Europa

FSC www.fsc.org
MIX
Papier aus verantwortungsvollen Quellen
FSC® C015559

Sonderausgabe im Sammelband

ISBN: 978-3-551-06647-3
Umschlagillustration und Vorsatz: Astrid Vohwinkel
Illustration der Lesemaus: Hildegard Müller
Umschlagkonzeption: Gunta Lauck
Lektorat: Constanze Steindamm
Satz: Karin Kröll
Lithografie: ReproTechnik Fromme, Hamburg

POLIZEIABSPERRUNG
POLIZEIABSPERRUNG